眠れない夜の
恋愛♥処方箋

神崎メリ

女は眠れない夜を
乗り越えて生きている

恋愛コラムニストの神崎メリです。突然ですが、
アナタは眠れない夜に苦しめられたことはありますか?

好きな人との関係。結婚できるかへの不安。
金銭的な不安。あの友達へのモヤモヤ。親との関係……。

様々な不安やイライラが無限ループで脳内再生されて、
何度も寝返りを打つ……。
「明日も早いのに……」
寝なきゃと焦るほど、目が冴えてしまう。
どんどん追い詰められ、「こんなんで私本当に幸せにな
れるのかな?」と涙が溢れて止まらなくなる……。

私自身、そんな眠れぬ夜を幾度も乗り越えてきました。

リラックスして体を休める場所であるベッドの上で、
漠然とした不安に怯え、震え、涙を流してきました。

夜って孤独。
夜って怖い。
夜って悪い方向にばかり考えてしまう。

でも知ってましたか?
脳内で考える悪い妄想の9割が
実現しないということを。
だから眠れない夜に、本書をめくって欲しいのです。

"気がついて！　アナタのその不安、ありもしない妄想だよ"

アナタに語りかけています。
「どうか悪い妄想から目を覚まして！
そして心を落ち着けて
眠りの世界に入っていこう」と。

本書では、多くの女性を悩ませる、
　・恋愛や結婚のこと
　・コンプレックスのこと
　・友達との関係のこと
　・人生全般への不安
について取り上げています。

別々の悩みに思えますが、すべては心の奥底でリンクし
ています。
なのでどのページから開いていただいても大丈夫です。

読んだら大きく深呼吸をして、
「そうそう、これは妄想！ 実現しないし大丈夫！」と
自分に言い聞かせてくださいね。

どんな夜でもアナタが自分自身の味方であれるよう、
お手伝いさせていただきます。

眠れない夜を乗り越えて、
明日を生き抜く力を蓄えていきましょう（おやすみなさい）。

CONTENTS

Chapter 2 コンプレックス —— 100

Chapter *3* 友人 —— 128

Chapter *1*

恋愛

LOVE

True love
will come.

疲れた体をベッドに沈めると、
次々と頭に思い浮かんでくる。

「あの人に愛されたい」
「あの人はいま何をしているの？」
「どこかに私のことを愛してくれる人はいるの？」

愛し愛されることへの渇望。
裏切られることへの不安。
止まらない妄想、疑心暗鬼。

瞳を閉じても夢の世界は迎えにきてくれない。
「眠れない……」
ため息まじりに寝返りを打つ、午前2時。

そんなアナタにお伝えしたい。

悪い妄想の9割は実現しないのだって。

愛について妄想が始まったら、

パラパラとめくって欲しい。

アナタの疑心暗鬼を追い払ってあげるから。

その「どうしよう」は

アナタの頭の中だけのストーリーだよ。

現実には何も起こっていないことに気がついてね。

愛を信じられない夜への処方箋お届けします。

Prescription
for
Sleepless Nights 🌙

1

あの人のこと
好きになれたら
きっと楽なのに……

結婚したくて、婚活頑張って、

結婚前提に告白してくれる人にやっとめぐりあえた。

優しくて、誠実で「早くアナタのご両親に挨拶したい

な」なんて言ってくれるけど、どう頑張っても好きに

なれない（申し訳ない……）。手を繋がれないように無

意識のうちにガードしちゃったりしてね。

結婚がしたいようで、

実は私たちってちゃんと愛し合いたいモンだから、

こんなジレンマに苦しむことになる。

でもどうあがいても愛せない人っている。

これはもう本能だし運命なんだよね。

相手のため、そして自分のために、

感謝の心で離れましょ。

誠実な女は
相手の好意を利用しない。

2

私なんて愛される価値
あるのかな?

価値？　自分で
甘めにつけちゃえばいいよ。

男性は恋に落ちたとき、理由が見つけられないモノ。
「私のどこが好き？」って聞いたら「う～ん全部？」なん
て言うでしょ。誤魔化しじゃなくてあれは本音。アナ
タが自分に価値がないと思い込んでも、彼からすると
理由なんてなく"一緒にいる価値のある女"なんだよね。
そもそも"自分の価値"なんて考えなくていいんだよ。
切羽詰まらなくて大丈夫、もっと自分に甘くてもいい
んだよ。今日も必死に生き抜いた自分に何点つけてあ
げる？

Prescription
for
Sleepless Nights)

3

彼からの
「おやすみ」
がなくて不安……

ハッキリ言うね、彼、寝落ちしたんじゃない？

彼から「おやすみ」ってLINEがないだけで、自分が何かやらかしてしまったか不安になったり、「もしかしてこっそり女と会ってるかも？」なんて妄想炸裂させてしまう女性がとっても多い。ただ疲れて寝落ちしていたり、ゲームしてるだけかもしれないのに。「私、なんかした？」なんてLINEしちゃダメだよ。翌朝必ず後悔するし、彼も驚いちゃうから。もっと彼を信用しましょ。彼のいいところ10個あげて悪い妄想を追い出そうね。そしてアナタもさっさと寝ること。

信じる強さを胸におやすみなさい。

Prescription
for
Sleepless Nights)

4

いつもおクズ様ばかり
私がダメだから？

出会う男がおクズ様ばっかり。これはもうあるあるですとしか言えない。だって口説いてくる男性の８割は遊び目的ですもの……。なので「私がダメな女だからおクズ様ばっかりなの？」って落ち込まなくて大丈夫！でもさ、おクズ様が寄ってくると安くみられた気持ちになって不快だよね〜！　私はおクズ様に遭遇したとき、ネタにできるよう話の起承転結考えちゃいますwそして即お見切りして視界から削除！

彼らはどこにでも湧く！だから悩む必要ないよ。

Prescription
for
Sleepless Nights 🌙

5

この時期、
あの頃の2人が
恋しくなる

一緒に過ごした夏祭り、ハロウィン、クリスマス。浮かれている景色にあの頃の2人を重ねて思わずしゃがみこみたくなるくらい苦しくなる。きっと今はその思いが風化することなんてあり得ないってアナタは感じていると思う。でも"時薬"は偉大で、ちゃんといろんな思い出を連れ去ってくれるよ。今は思いに浸っていてもいい。無理に忘れようとすると、ますます苦しくなるから。目を瞑らずその景色をしっかり見て。思いにあえて浸ってみよう。

でもね、約束してね。連絡するのはダメだよ。きっと傷つくことになるから。

思うだけなら
誰も傷つけない、
傷つかない。いいんだよ。

Prescription
for
Sleepless Nights ☽

6

わかってるさ
脈ナシだって……

片思いが楽しいって
誰が言った?

「片思いしてるときが一番楽しいよね」なんて言う人いるけれど、正気?って思うよ。"恋人未満の片思い"してる人なんだろうね。望みゼロの片思いはLINE送っても素っ気なくて、会う時間すら作ってもらえなくて……。職場やみんなで会えたとしても眼中にないのが丸わかり。行き場のない思いを抱えて、妄想の中で自分を慰めるしかないんだよね……。いつか思いが消えていく日をゆっくり待とう。人を好きになるのは自由なこと、そして心が生きてる証だよ。

真っ直ぐに人を想えるアナタの心は美しい。

7

そんな愛<ruby>愛<rt>いと</rt></ruby>おしげな
眼差しを
あの子に向けないで……

「そんな顔するんだ……」
一番心がえぐられるやつ。

女に媚びないタイプだと思ってたのに、その場に興味ある女がいなかっただけ。好きな人が"好きな女"にはあたたかい眼差しをするんだって目の当たりにしたときほど、悲しい光景はないよね……。辛いけど縁がなかったんだって引き下がらなきゃいけないときもある。その女に意地悪しちゃうような女には<u>堕ちたくない</u>とプライド持って生きていこう。そんな誇り高き女であれば、いつか誰かにあたたかい眼差しを向けられるのだから。

あ〜でもくやし〜（笑）！　絶対幸せになろうね！

Prescription
for
Sleepless Nights)

8

会いたい
会いたい！
会いたい！！

会いたい気持ちが募る夜、つい重めのLINEしちゃったりするよね。「私ばかりが会いたいんじゃないかな？」って変に疑心暗鬼になったりしてさ。「会いたい？私のこと好き？」ってしつこくしちゃう。でもそれってあんまりいい効果ないんだよ。男に罪悪感を与えてしまって、アナタと会う楽しみが義務感にすり替わっちゃう。爆発しそうなその気持ちを仕事に向けてみよう。そして会えたら彼の胸の中で爆発させよ。

え？　それはもう"夜"の意味でだよ♡　さぁお楽しみを胸におやすみなさい。

恋心はうまく利用すると魅力が増す。追われる女の秘密です。

9

私のこと
本当に好きなのかな?

鬼はいつだって夜に来る。
疑心暗鬼ってカタチでね。

普通に仲良く過ごしているのに、急に彼に愛されてないような気がして疑っちゃう。そんなときに限って「浮気されてました」「旦那が不倫してました」系の投稿がタイムラインに躍るんだよね。そして「きっと彼も遊びなんだ」って決めつけてイラついてしまう。夜はね、そっと鬼が忍び寄るんだよ。愛を壊してしまおうって怖い鬼が。みんなそれと戦っているよ。アナタだけじゃなく、地球上の女性がみんなね。朝になったらいなくなるから、鬼に飲み込まれないようにね。SNSは閉じて深呼吸。大丈夫、ちゃんと愛されてるよ。思い出してね。

Prescription
for
Sleepless Nights ☽

10

今さら「元気？」って
意味わからん。
でも期待しちゃう……

"今さら男"の「元気?」は「あわよくばHさせて!」。

いる〜! こっちのこと散々振り回して傷つけておいて「元気?(笑)」みたいな男! おクズ様だってわかっちゃいるけど、ほんの少しだけ期待して「このときの男性心理とは?」って検索しちゃってね。でもアナタもわかってるよね、それ"あわよくば"狙いだって。手軽にHできる女探して一斉にLINEしてるって。相手にしちゃダメ、期待しちゃダメ。そっとブロック&削除しよ。もう心が搔き乱されないように。律儀に返信して、"いい人"しなくていいよ、しっかり自分を守ってあげてね。

—

11

ドタキャンされて
すごくがっかり……

体調不良、急な案件、職場で病人が出てピンチヒッターに。生きていれば急に予定キャンセルせざるを得ないときもある。それは友達同士でも一緒。ただ1週間その日のためにウキウキしながら頑張ってきたから、がっかり感がすごいんだよね。ドタキャン常習犯じゃなきゃ仕方がない、そういうときもあるよ。残念な気持ちはグッと堪えて決して彼のことを責めずにいましょ。しょうがないときに責められると相手も辛いよ。

彼だって
アナタに会いたかった。
それを忘れないでね。

Prescription
for
Sleepless Nights ☽

12

もう彼、
私に冷めてると思う
ひしひし伝わる……

辛いけどわかる……。「私のこと冷めたの？」なんて曖昧な感覚じゃなく「あ……この人もう私に興味ないな……」って伝わってくるあの感じ。デレついてた顔がどこか見下すような、呆れるような目つきで言動がすごくシビアで……。別人みたいになるんだよね。現実逃避して、よかった思い出にすがっても意味はないよ……。ここまできたら正面から思いを聞いていい。覚悟を決めてね。だってアナタの未来には幸せのチャンスが待っているのだから。ひとりぼっちになるより、冷たい男の隣にいる方が心が凍るよ。

厳しい現実を直視しよう。女はその決断を英断に変えられる。

13

男の人への甘え方？
そんなのわかんないよ

責任感が強かったり、親から甘えることを許されなかった人は甘えることに罪悪感を覚えてしまうよね。恥ずかしい感覚になってしまったりさ。でも好きな女に甘えてもらえるって男性からするとうれしいことでもあるんだよ。自分のために甘えることができないなら、相手を喜ばせるサービスだと考えてみて。アナタが彼の胸に抱きついておねだりすることは、彼を幸せにすることでもあるのだから。

2人が幸せになる♡それが甘えん坊の醍醐味。

Prescription
for
Sleepless Nights)

14

彼のこと大好き！
でも全然Hがよくない……

演技は女の怠慢です。

大好きな人といざ結ばれたときに「違う、そうじゃない！」が連発したときの虚無感たるや！　でもここで適当に演技をして、お茶を濁し（は〜もっと相性いい人とHしたい！）と苦しむ女性の多いこと！　いいHは信頼できる相手と育むモノです。傷つけることを恐れて演技してちゃ一生よくなりませんよ。勇気を出して「〜してみてほしい♡」とアナタからおねだりして歩みよりましょ！　大好きな人とのHを諦めず、二人の世界を作りあげてね♡　大丈夫、勇気一つでよくなります！　さ、次回のシミュレーションして寝ましょ♡

15

“永遠の愛”って
あるのかな

今この瞬間に
愛を選択する女が
"永遠"に触れられる。

「永遠の愛なんてあるのかな」

「お互いに心変わりしないなんてあり得るのかな」

「幸せでもいつか壊れてしまうかも」

またアナタの心に鬼が訪れましたね。婚約指輪が"永遠の愛"の象徴であるように、私たちは永遠を求めるモノ。永遠は今の連続の結果。ということは今この瞬間、愛を選択することが永遠への唯一の道。彼を責めたり、自分を痛めつけたり。それでは永遠と違う道に進んでしまうよ。幸せになれると信じて、信じると決めた相手を信じ抜く。それが永遠に触れる鍵。だからアナタに相応しくない男とは離れることよ。まず自分への愛を大切にね。

Prescription
for
Sleepless Nights 🌙

16

私よりあの子のことを
優先しないでよ

彼女への思いやりに
欠けた男女の友情なんて
消えちまえ！

「あいつは妹みたいなもん」って大切にしてる女友達。アナタへの対応は雑なのに、あの子のピンチには駆けつける。こういう二人に関わっていいことなんてないよ。男女の友情があるとして、それがお互いの恋人や家族の犠牲の上に成り立ってるなら、エゴでしかない。真の友情は相手のために"わきまえる"ことができるモノ。アナタはオンリーワンであり、ナンバーワンになれる女。女友達の"二番手感覚"に甘んじなくていいんだよ。「お似合いだこと」と馴れ合い沼からイチヌケしよ。彼女を幸せにできない男なんてアナタに相応しくないのだから。

17

生きてる理由を
見失いそうな夜に

ある夜、愛されたくて、寂しくて、安心したくて涙が止まらなくなる。そんな経験、したことありますか？私はあります。「きっと私なんてひとりぼっちで死んでしまうんだ」ってとめどなく涙が溢れる。いっぱいいっぱいいっぱい泣いて、自分を責めて責めてなんのために生きてるのだろうって。そういう夜、アナタだけじゃないってただ知ってほしい。この夜空の下、間違いなくアナタだけじゃない。だから「私なんて」って自分を追い込まなくていいんだよ。もうダメだ！　じゃなく、ちくしょう！　幸せになってやる！　って粘っていこう。

したたかに生きていい。今夜アナタが生きぬく理由になれば。それでいい！

Prescription
for
Sleepless Nights 🌙

18

いつからか
満たされなくなった
この関係に

会えるだけでも舞い上がって、触れるだけでも胸が高鳴って、優しくされて心底幸せだった。でも女って強欲でさ、もっともっとって愛情のレベルアップを求めすぎちゃうんだよね。いま彼に物足りなさを感じてる？そしたら思い返して、あの頃の自分を。見返して、あの頃のLINEを。足りないのはアナタへの彼の愛じゃない、愛に慣れて強欲になったアナタの謙虚さ。もっと引いた所から彼を見てごらん。行動が落ち着いても、そこに流れる愛は何も変わってない。誠実さは積み上がっていくばかり。

他人みたいな気持ちで彼を見ると、新鮮さが舞い戻るからね。まだ大丈夫！

19

早く結婚したい……
焦って寝付けない……

結婚は早さじゃない。でも早くここから抜け出したいよね。

「結婚なんて焦ってするものじゃないのよ〜」なんて言われても"結婚相手を探す椅子取りゲーム"があまりにしんどすぎて、さっさと抜け出したくて仕方なくなるんだよね。結婚したいときって一日中脳内がそればかりでさ……。でも相手を間違えると今度は一日中離婚したい妄想にとりつかれるよ。

アナタはまだ相手を吟味できる立場。

焦らず、でも自分なりにコツコツと進んでいけばいいよ。冷静な気持ちで進んでいく人に良縁は結ばれる。焦ると悪縁と結ばれるから縁を見極めてね。大丈夫、自分は幸せになれる側と信じて。深呼吸しておやすみなさい。

Prescription
for
Sleepless Nights 🌙

20

別れた方がいいよね
わかってるけど……

腐れ縁や悪縁と繋がってるうちは、良縁は舞い込まないよ？

不倫、セフレ、結婚する気ない彼、モラハラ男……。おクズ様と恋愛しているアナタ。きっと本当は終わりにしなきゃってわかってるよね。でもひとりになるのは怖くてズルズル一緒に過ごして、満たされることなんてなくて。ちゃんとさ、自分は幸せになれる人間なんだって信じてあげようよ。信じてあげられないから腐れ縁にしがみついてしまうんだよ。アナタには自分を幸せにできるだけの力があるよ。男が幸せにしてくれるんじゃない、自分の選択が道を切り拓くんだよ。手放すことができる女はちゃんと良縁を摑むこともできるよ。アナタは変われる、大丈夫！

21

寂しさと性欲に負けて
あの男に連絡しそう

つまらん愛なしSEXする
男に抱かれにいくな！

目を覚まして！

その男とのSEXそんなによくなかったでしょ？　解散して道を歩いてるとき虚しくなかった？　女は寂しさと性欲と酒なんかが入り交じると、つい魔が差すこともあります。その先には「たいして気持ちよくないのに演技して何してんだ？」なんて後悔しかないから、ほら！　LINEなんて送らないこと！　寂しさをグッと堪えて、寝ることが一番大切な夜もあります。性欲に負けずに身を守ることが大切な夜もあります。お互いに心から求め合える恋をハンティングにいきましょ！その日を待って今夜はおやすみなさい。

Prescription
for
Sleepless Nights)

22

彼の過去が気に
なっちゃう

「今まで本気になった元カノってどんな子？　もしか
してセフレいたことある……？」相手の過去を妄想し
てイライラしてしまう。「私にするように優しくして、
私を抱くその手で体に触れたの？」って具体的にイメ
ージしてさ。あのね、人には過去があるよ。アナタに
も色々な人生経験(男性経験に限らず)があるように。
そのひとつひとつの経験がお互いの"いま"を作ってる。
過去は踏み台、過去がなければお互いに惹かれあった
かわからない。妄想よりも目の前の彼に意識を向けよ
う。過去のことで喧嘩するなんてこんなバカバカしい
ことないのだから。

人を丸ごと愛するということとは、相手の過去も受け入れること。

Prescription
for
Sleepless Nights)

23

彼のスマホ
見ちゃダメかな……?

それをするときは
関係はおしまい。
それくらいの美学を持って！

イタズラに「彼やましいことないかな？」って覗き見して同級生や同僚との何気ない雑談にすら嫉妬してしまう。そこから不安をぶつけて愛を壊してしまう女性が多いです。彼のスマホを見るときは別れを覚悟したとき。覗き見は癖になって彼氏を替えても続けてしまうよ。そんな自分がみっともないときっとアナタは感じているハズ。自分に誇りを持つためにやめましょ。スマホを覗き見しないと信じられない彼なら、アナタに相応しくない。そうでない彼ならきちんと自分を律して信じること。誇り高い女性になりましょ、お互いにね。ゆっくり深呼吸をしておやすみなさい！

Prescription
for
Sleepless Nights ☽

24

大好きすぎて
失うのが怖い

大好きな人に出会うと臆病になるよね。嫌われたくなくて顔色うかがって、疲れることでも「うん、いいよ」っていい子ぶって。しまいには"本当の自分"が出せなくなっちゃう。嫌われるのが怖い。でも、これを乗り越えた先に絆が育まれるよ。言いたいことは明確に笑顔で。のびのびといる方がいい。そういう女は嫌われるどころか、惚れられるから。自分に自信持ってね。

のびのびしてる姿そのものが、男に"信頼されてる感"を与える。
その結果がど本命。

25

きっともう二度と会えない
なのに街であの人を探し
ちゃう……

「もう二度と会えない」不思議と自分で感じていたりする
モノ……。それなのに街に出るとキョロキョロとあ
の人を探してしまう……。もしも一目だけでも会えた
ら、今度こそとびきりの笑顔で「久しぶり」って伝えた
いな、逃した魚は大きかったなって思わせたいなんて
シミュレーションも虚しくて。でもそういう思いって
女性なら誰しも経験あって、大体別れ際にすがってし
まったり、悔しい終わり方をしたパターンなんだよね。
どうせならキレイな私を印象付けたかった。その悔し
さをバネにいい女になろう。なってやろう！

大丈夫、気がつけば街で
あの人を探すこともなくな
っているよ。

Prescription
for
Sleepless Nights)

26

マジか……
結婚願望ないって
言ってたのに……
結婚したんだ

結ばれなかった縁は、そもそもなかった縁。

結婚願望ないって断言していたあの人。何度話し合いをしても折り合いつかなくて、価値観の違いなんだって泣く泣く別れたのに「結婚しました」ってタイムラインで目撃したときの衝撃たるや……！　へ〜？　タキシードなんか着るガラだったんだ!?　って驚くやら悲しいやら腹が立つやら……。結婚相手に選ばれなかった自分の"女としての価値"を疑ってしまうよね。でも結婚って縁だから、アナタの価値とは何も関係ないことなんだよ。しかもその縁は良縁とも限らない、アナタにとっては悪縁だったかもしれない。前を向いていこう！

Prescription
for
Sleepless Nights ☽

27

「飲み行ってくる！」
今夜は不眠決定です……

そんなにチャラいの？
アナタの彼。まるで発情期
のワンコ扱いだよ？

すぐに浮気や女探しを疑ってしまう人は、まるで彼を
発情期のワンコ扱いしてしまっていると気がついてほ
しい。女性を見つけたら興奮して理性吹っ飛ばして尻
尾振るような男なんですか？　そんな男と付き合って
いるのですか？　きっと違うと思う。そんな風にすぐ
に彼を疑ってしまう気持ち、わかるよ。でもね、信頼
することも覚えていかないと、愛を壊してしまうんだ
よ。ワンコはワンコでも彼はアナタを守る勇ましい番
犬様。アナタは守られるワンコ。一緒に尻尾振って仲
良くね。

Prescription
for
Sleepless Nights)

28

人を好きになるって
なんだっけ？

そんな疑問を吹き飛ばして くれる、それが恋。

お忘れかい？

LINEの通知一本で胸がキュッとするやつさ。

婚活疲れしてると「好きとは一体？」ループにハマっちゃうよね。

大丈夫、ちゃんとまた恋に落ちられるよ。

ブレーキ利かないことにハラハラするくらいにね。

29

結婚と恋愛って
違うもの?

恋は振り回されるスリルにハラハラしてみたりさ、恋焦がれることも醍醐味だったりする。

結婚にスリルは必要ないよ、赤ん坊抱えて「あの人連絡つかないの」なんてやってられません。お互いに信頼という絆で結ばれることが大事。

信頼に好きが交じると敬意が芽生えて、愛が長持ちするよ。それはスリル交じりの恋がちっぽけに感じるようなあたたかなモノ。

そういう人を見つけてね。焦らずにいこう。

Prescription
for
Sleepless Nights ☽

30

結婚すると仲が悪くなる
そんな情報ばかりで
希望が持てません！

結婚して幸せな人は「結婚はいいよ」とは言わないよ。

幸せな結婚をしている人が一番恐れるのが"ねたみ"。

だから「うちも色々あるよ〜」と濁して隠します。

結果、苦しんでいる人の声が大きく聞こえてしまうん

だよね。

大切なのは相性がいい人を選ぶこと。

そしてお互いに思いやりを持ち続ければ大丈夫！

そんなに恐れないでね。

31

ケンカした
眠れなくて
イライラする……

ケンカしてその思いの丈をLINEでぶつけようだなんて考えてはいませんか？　それは絶対に絶対にアカン！いまアナタがこのページをめくってくれてよかった！イライラの原因を脳内で再生すると、どんどん怒りが増幅するよ。

まずは深呼吸して。それから楽しい気持ちや明るい気持ちになる動画を見たり、彼のしてくれたいいことを思い出して。

少しでも気持ちが落ち着いたら、今日はもう連絡せずにおやすみなさい。

日中、冷静になってからやり取りをしようね、意地は張らずに！　これ約束だよ。

Prescription
for
Sleepless Nights ☽

32

「2番目の女」が
1番になれる日
来るのかなぁ……

彼女がいる男、結婚している男。「いつか別れてくれるかも？　だいたい相手の女が性悪なんだよね」と耐え忍ぶ。でもね、こういう"誰も幸せにしてない男"は自分だけが可愛いんだよ。仮にフリーになってもアナタを本命にするかわからないし、また女を複数囲います。間違いなくアナタが歳を重ねたときに、この言葉の意味を痛感すると思う。

「女好きは
治らないビョーキ」よ
とっとと離れるが勝ち！

33

彼がこっそり
アプリやってた⋯⋯

「まだ有料期間残ってるし」

この言い訳する男多すぎ(え？)。

この手の男は結婚しても未婚と偽ってアプリを止めません……。

勇気を出して！女の影がチラつく男なんて、アナタからお見切りするのです！

今知れてラッキーだったよ。

大丈夫、まだアナタに幸せになるチャンスはある！

Prescription
for
Sleepless Nights 🌙

34

あの人とあの人
どっちを選べば
幸せになれる？

イケメンだけど、将来不安な男。
好みじゃないけど、将来安定な男。
優しいけど好きじゃない人。
モラっぽいけど好きな人。

天秤にかける時点で、どちらもアナタの運命の人じゃないよ。

アナタにとっての「この人」が現れますように。
そういう人と人生を歩めますように。

35

もっと彼に頼りたい
でも拒絶されるのが
怖い……

頼られることで、
男性性が開花して、
責任感とアナタへの愛情が増す。

頼りにすることで、
女性性が開花して、
男性への尊敬の念が芽生える。

愛情と尊敬は男女の関係をあたため続ける燃料。

アナタが頼れず孤独なとき、
彼は頼りにされず孤独なんです。

ひとりで抱え込まず、"彼のためにも"頼りにしてみよう。
勇気を出して、一歩ずつ進もう。

Prescription
for
Sleepless Nights ☽

36

あんなに愛してくれたのに
ごめんなさい
好きな人ができました

気持ちを抑えようとしても、気のせいだって言い聞か
せようとしても惹かれてしょうがない人ができた。
一方、あんなにカッコよく見えた彼。恋心フィルター
が外れちゃったのか、もう愛おしく感じない。

恋愛感情が終わってしまうこと、人間ならある。
新しい恋がどうなろうとも、好きじゃなくなった相手
を繋ぎ止めるのは酷。だって彼にだって幸せになる権
利があるのだから。

「ごめんなさい」と別れを切り出して、離れるしかない。それが最後の誠実さ。

Prescription
for
Sleepless Nights ☽

37

ウケる
音信不通になったんだけ
どあの人……（涙）

「音信不通は男の優しさ」と聞いたことがあります。面と向かって「アナタに飽きました」と告げるよりも気遣っているというのです。でもそれはウソだと私は思います。

愛しあって、幾夜も肌を重ね合い、お互いに真剣な話や相談もして。

地球上に何十億人いる中で、そこまでの関係になる人ってほんの一握り。
そんな相手からすら逃げる男のどこが優しいの?

連絡を途絶えさせられた側は、正面からフラれるよりも自分のなにが悪かったのかと長く苦しむのに。
アナタはなにひとつ悪くない。自分を責めないでね。

Prescription
for
Sleepless Nights ☽

38

もう二度と会えない
それでもずっと
想ってるひとがいます

彼の声も、仕草も、どんどん記憶から薄れてゆく……。
それなのに想いは消えない。

きっと二度と会えない。
きっと近況を知ることもない。
健康ですか？
結婚しましたか？
パパになりましたか？

もしももしもバッタリ会うことがあるとしたら、アナ
タに恥じない私でいたい。それを頼りに生きているよ。
たまに心に棲まわせているあのひとに語りかけて、自
分を正す。

お天道様化した想いを胸に生きるオトナは、アナタだけじゃない。

39

「他にいいひとといるよ」
キレイごとで逃げないでよ

要は「結婚できないからほか当たって」ってことをオブラートに包んだんだってわかってる。
でも私にとっての"いいひと"ってアナタなのに。

せめて絶対幸せになってやる。
アナタが気まぐれで「元気？」って連絡してきたときに、「うん、幸せだよ〜」ってウソじゃなく言えるように。

こんな想いはもうしたくない。
なにが違ったのか？　徹底的に向き合って糧にするから。

ありがとう。さよなら。

Prescription
for
Sleepless Nights)

40

もっとずっと
追われ続けたい！

熱帯夜のような恋を求め続けるのは、自信がなく不安だから。

恋の始まりはいつも情熱的。
それがあたたかな陽だまりのような関係性に変化していく。

それを受け入れられない女は、自分に魅力がないって思い込んでる。無我夢中になってくれる男を見ることでしか安堵できない。

陽だまりの中でくつろげば、心から穏やかな日々が始まる。

"追いかけ続けてくれなくて、不安"？
目の前に陽だまりがあるのに。
彼の隣でくつろごうね。

41

恋ってなに?
愛ってなに?

抱かれたい、触れたい、もっと知りたい、もっと会い
たい、独占したい。"ニコイチ"になりたい。

きっと恋はそういう雰囲気。

縛りあわなくてもお互いに一緒にいたい。

独占欲や支配欲を超えた先の世界。

きっと愛はそういう雰囲気。

アナタという命を愛している。

Prescription
for
Sleepless Nights ☽

42

愛とか恋とか
結婚とか出産とか
なんも考えたくない！

あの男はモラハラだった。
あの男は脈なしだった。
"ど本命"ってどこ？

あ〜もう急がないと年齢的に妊娠が……。
でもそもそも私、子供欲しいのかなぁ……？

運命探しに疲れて、うんざりするときもあるよね。
そんな夜は恋愛のことを考えるのはおしまいにしよう。

好きな映画、漫画、YouTube、なんでもいいから気が
紛れるモノを観よう。

頭の中をおやすみすると、
ゆっくり眠れるよ。

おやすみなさい、また明日ね！

Chapter 2

コンプレックス

COMPLEX

もっと美人だったら。
もっと実家が太ければ。
もっと話し上手だったら。
もっと才能があれば。

キラキラと輝く"星"を持って生まれた人ばかり、
目についてしまう。

何もない私。
ドラマの起きない人生。
世渡り上手でもなく、
いつも貧乏くじを引いてしまうタイプ。

寝る前に自分の欠点ばかりを思い返して、
自己嫌悪に陥ってはいませんか？

働いたり、育児をしたり、周りに気を遣ったり、
それだけで充分頑張っています。

それ以上アナタが自己否定しないように。
もっとアナタが自分の味方であれるように。
そして明日を乗り切っていけるように。

コンプレックスに苦しむ夜への処方箋をお届けします。

43

あと5歳若ければ、
きっと色々違ったのに……

5歳若くてもきっとアナタは何も変わってない、でもね……

「5歳若ければ婚活もきっとうまくいったし、あの人
だってもっと私のことを大切にしてくれたハズ……」
なんて思っているアナタはきっといま過去に戻れたと
しても変わらないよ。「そんなことない！」って思うの
なら、魔法をかけてあげるね。記憶はないけれど、ア
ナタは5年後からいまここに戻りました。

これから5年後、「あと5歳若ければ」って後悔しない
ためには何をしますか？

いつだっていまが一番若い。いつだって人生やり直せ
る。さて、このチャンスをどうしますか？

ね、思い込みを外せばまだぜんぜんイケるよ！

44

顔さえ可愛く生まれてりゃ
もっと愛されてたのかな？

これ女性なら誰しも考えたことがあるよね。もっと美人だったら、もっと可愛ければって。確かに美女はモテる、でも愛されるかはまた別問題だよ。そうじゃなきゃ浮気や不倫される美女の辻褄が合わないんだよ。

愛されるのに必要なのは、"堂々とした姿勢と愛嬌"の両輪。

ここに若いうちから気がついた女性は美女じゃなくても早々にど本命婚してる。笑顔は男心を摑み続けるよ。マイナスばかり見てると、堂々とできないから、自分磨きはしつつ、背筋をシャッキリ伸ばしていこうね！

賢い女は愛嬌を武器に、好きな男を惚れさせてる。

45

もっともっともっと！
完璧な私になりたい！

アナタは想像したことがありますか？　もっと髪がサラサラで、肌は発光するみたいに透明感があって、顔はあの芸能人みたいに整ってて、スタイルは……って。美意識を高めて近づくように努力してみるけど、長い人生それに振り回されてしまうのも疲れるよね。与えられた姿形、自分磨きにも限界があってさ。私は、40代に入ってから自分を追い込みすぎない程度に美容と向き合うことにしました。今よりコンプレックスまみれだった20代の頃の写真を見返して気がついたのです。「ごめんね、あんなに自分を嫌ってアナタを追い込んで。若くて健康で命として輝いてたのに」

自分を嫌いになるくらい、美に振り回されるのは本末転倒。

Prescription
for
Sleepless Nights 🌙

46

やっぱり、
私にはなにもない……

大丈夫！ 全人類の99.9％が、何者でもない"その他"です。

スマホの中でキラキラしている有名人を見て劣等感にさいなまれる。そんな経験はありますか？　とある"有名な天才"が働いている会社の方とお話ししたことがあります。「俺はここに入社するまでどれだけ努力したか、でもあんな天才をみると自分の存在意義を疑うよ……」彼自身も間違いなくエリートなのに。まぁしょうがない、私たちは"その他"です。0.1％の天才にこの世のイノベーションは任せて、私たちは人生をもっと気楽に楽しみましょ。

今週末、なにをしますか？

心が喜ぶこと、やってみませんか？

47

も〜！ 要領が悪くて
ホント自分が嫌になる

要領がよくて、人望があって。そんな人を見ていると
自分の鈍臭さが本当に嫌になります……。どうしよう？
ってこっちがグズグズ考えてることをその人はサクッ
と最適な判断をしてサラッとこなしてさ。でもそうい
う人にはなれないのだから、私たちは自分のよさを大
切にしていくしかないよね。丁寧さとか、気遣いをす
るとか、嫌味を言わないとか、遅刻をしないとか。ア
ナタのいい部分、書き出してみよう。どれも当たり前
のことのようで、できない人も多いよ。たとえばほら、
案外嫌味な人って多くない？　SNSとか見てても。

いわゆる"美徳"と言われる部分を大切に、誠実にいこう！

Prescription
for
Sleepless Nights ☾

48

すごいなみんな、
すぐ人と打ち解けて……

人見知りせず、誰とでもフランクに話せて「今度○○しましょ〜」って約束し実現させる人っていますよね。あれめっちゃ感心します(笑)。コミュ力高い人って憧れるけれど、"人と話す用仮面"の種類が多いだけ。その人たちなりの処世術なんですよね。育った環境で身につけざるを得なかった技術だったりもして。もしアナタが気負わずに話せる人が地球上に1人でもいればOKです。大切なのは心の繋がり。そして自分と本音で対話できるかどうか。これができる人は簡単には病みません。

逆に自分に嘘をつく人は病みやすいのです。

コミュ障上等！
"自分と戦友ですから"
精神でいれば大丈夫！

49

元彼からの
あの一言が忘れられない

元彼にされた体型や顔イジリ、ず〜っと心に引っかかってしまうよね。その部分が気になって新しい恋に臆病になってさ。でもねアナタのことを心から大切に思う男性は、そのコンプレックスを問題点として見ないものだよ。「え？　俺気になんないわ」ってキョトンとしてる。逆におクズ様は完璧な人と付き合っても文句ばっかり言ってるよ。何様かって？　そりゃおクズ様よw　だからアナタのことを求める人がいたら、恐れずに飛び込んでいいんだよ。巡ってきた良縁を大切にね。

あの男の一言に人生を台無しにさせない！それが幸せへの道。

Prescription
for
Sleepless Nights ☽

50

こんな裸
見せられないよ！

「私の体はすべてお宝」。忘れちゃいけない女の在り方。

私のところに寄せられるご相談で何気に多いのが、体型にコンプレックスがあってHするのが怖いという内容。そのこと自体が間違っていますよ。男性からすると好きな女性の"ありのままの姿"は美しいもの。見たくて触れたくてたまらないもの。"お宝"なんですよ。お宝を卑下しちゃいけません。お宝に触れる相手を厳選するのが女としての在り方。「ごめんね、こんな体で」って思いそうになったら、ちゃんと気持ちを立て直して！ 「私に触れられるなんてアナタは特別、ラッキーね」これくらい希少性を出してあげる。相手の気持ちを盛り上げる思いやりとしてもね♡

Prescription
for
Sleepless Nights 🌙

51

元カノ！
元カノ！！
元カノ！！！！

元カノの写真を見ちゃった。美人だと劣等感がすごい
し、美人じゃなくても「なんでこの女が？」って腹が立
つ。彼の友達とも仲良かったらしい元カノ。彼の親に
も気に入られていたらしい元カノ。もはや全部が気に
なる……。でもさ、結局は"いま隣にいる相手として
選ばれてない女"。これが圧倒的事実だよ。そうそう、
元カノよりいい女になる秘訣を教えてあげるね！　い
つも笑顔でデートを楽しむこと。適度に甘えん坊にな
って「俺がいなきゃダメやん」と思わせること。元カノ
のことでイラつきそうになったら、不機嫌になるより
コレやってみてね。

笑顔でいる。それが過去の女より、目の前の女に夢中にさせる秘訣。

Prescription
for
Sleepless Nights)

52

周りに比べて
スペックが低いな、私……

他人の道が正解に見えるけど、自分の正解を歩むことが大切！

成人するとさ、色んなスペックの人に出会って驚くよね。幼少期からふんわり生きてきた人もいれば、熾烈（しれつ）な受験戦争を勝ち進んできた人もいて。「自分って周りに比べて低スペやん……」って悲しくなるよね。でもその正解に見える道は所詮他人の道。私たちは結局、自分の道の正解を模索しながら生きるしかない。私の正解は"大切な人たちを大切にして生きること"。それはスペックに関係なく進める道。周りと比較せず、自分の正解を模索しませんか？

ぜひご一緒に。

Prescription
for
Sleepless Nights)

53

流行りの顔に
なりたいのにな……

流行りはコロコロ変わるもの。
自分のよさを磨くのが
一番だよ！

四十数年生きてきて色んな系統の顔が流行るのを目の
当たりにしてきました。大人顔、ハーフ顔、子供顔…
…。メイクで近づくように"楽しむ"のは大賛成だけど、
鏡を見て病むほど囚われるのはもったいないよ。がん
ばっても寄せられない系統ってあるからさ。魅力って
自分の系統を磨いたところに輝くのだと思う。鏡見て
ため息吐く気持ちもわかるよ、でもそれだとどんどん
コンプレックスが膨らんで自分が世界一のおブスに見
えてしまう。だったらどうしたら魅力的に見せられる
か？　自分会議しよう。アナタのプロデューサーはア
ナタや♡

Prescription
for
Sleepless Nights ☽

54

不意打ちで撮られた写真、
おばさんすぎて

地下鉄の窓に映る自分。ボ〜ッとしてる姿を映した鏡。「うわぁ……目の下のクマもほうれい線もやばくない……」絶句するわ〜。加齢は女の一生のテーマ。「もういいやってなっちゃえば楽よ」と言われても、やっぱりキレイでありたいのです。あ！　そうそう、人間って３つ上の人より３つ下の人を“自分と近い”と感じるんだって。自然と年下と比較してガッカリしているんだろうね。年上の素敵な人をロールモデルにして、老いに抗（あらが）いつつ、老いを受け入れつつ自分なりのキレイを見つけていこう。

私は造花より、ドライフラワーになりたい。アナタはどこを目指す？

Chapter *3*

友人

FRIENDS

Be with someone who makes your mind calm.

大好きな友達なのに、
幸せを祝福してあげられなかったり。
大好きな友達なのに、
「私って利用されてたの？」と絶望したり。

お互いのペースが一緒なときは心から
「ずっと仲良くしようね」って言いあえたのに、
環境によって変化してしまったあの子との関係。

「友情一つ穏やかに育めないなんて」
「あの発言っていま思えば嫌味だった？」
「あの二人、目配せしてたけど何？」
とぐるぐる思い悩んで寝付けない夜もある。

生きてゆく上で友達は大切です。
支え合い、笑い合い、生きてゆく同志。

でもあくまで"他人"。
きちんと心理的距離を保たないと、
悩みごとが増えてしまいます。

明日から友達との関係に悩まぬよう、
アナタのあり方やモノの見方を
少しだけ変えていきましょう。

友情にモヤつく夜への処方箋をお届けします。

55

完璧にキメた私
自然体なあの子
はい今日も完敗

計算されたヘアメイクにコーデでキメてるのに、スタイルよくてデニムにTシャツだけで光る子に白旗あげちゃうときあるある。むしろ完璧を目指した具合が、野暮ったく感じちゃって恥ずかしくなったりね（帰って着替えたい！）。

でも自分の"好きなもの"を歪める必要はないよ。じっくりその子を観察せず、そのまま突っ走ろう！

アナタも知らないうちに他人にホレボレされてる、これホント。

56

美人で性格もヨシな
あの子の引き立て役……
はぁ、マジで苦しすぎ

特別美人で小顔で性格までいい子。だから友達になった。でも出会う人出会う人、その子のことしか見えてない……。まるでいなかったかのように扱われて本当にミジメ……。大好きだけど大っ嫌いになりそう。

いるよね、そういう存在の子。
好きな子を嫌いになるのは、自分の性格が悪いと感じて傷つくよね。会う頻度を下げたりして、嫌いにならない距離感をキープするのがオススメだよ。外見関係なく性格いい人との出会いは大切だから。

太陽に近づくと燃え尽きます。小春日和な距離感を保とうね。

57

いいな……
玉の輿かぁ～！
い～な～！

玉の輿が幸せとは限らない！

蓋を開けたら経済DVされてたり、不倫に悩んでたり、義実家が最悪だったり、結婚生活って本当に人それぞれ。だから他人の結婚相手なんて心底どうでもいいんですよ。

自分が相性いい人と愛情たっぷりな家庭を築くことが大事。

ここに意識集中していきましょ！
自分が幸せになる妄想をしてね、おやすみなさい。

Prescription
for
Sleepless Nights ☽

58

すごい性格悪い発言します。
まさかあの子が先に
結婚決まるなんて……

「結婚することになって」と友人から報告されて自分でもびっくり！　「え？　なんでこの子が私よりも先に？」って思っちゃったことに。うわぁ……私見下してた？　性格ヤバくない？

マイペースに進んでいる人、婚活頑張ってる自分。前者の方がサクッと結婚決まってモヤモヤすることあるよね。

でも結婚って縁とタイミングだから、今はアナタのタイミングじゃない、本当にただそれだけ。

腐らず、比較せず、コツコツ進んでいこうね。
ちゃんとアナタも良縁と結ばれますように……！

Prescription
for
Sleepless Nights)

59

私の好きな人と
友達が両思いかも……
二人の視線が熱い……

両思い同士の間に割って入るのは無理！　マグレで付き合えたとしても一生「友達の方が好きだったのでは？」と苦しみます。二人の縁を「よかったね」と見送り、初めからアナタだけを見てくれる人を見つけてね。

女はときには思いを断ち切る強さが必要です。無い縁とはサラバして進むのじゃ！

Prescription
for
Sleepless Nights)

60

何かとマウントしてくる
友達がウザすぎる！！

それは友達ではありません。

アナタという存在をサンドバッグとして利用する、
劣等感の塊ニンゲン。離れましょ。
世界でたったひとりの"アナタ"を守ってあげてね。

61

友達の環境が変わって
話が合わなくなって
すごくさみしいんです

大好きな友達。お互いに生きてゆく環境が変わってしまった。何時間でも会話に花を咲かせてたのに、「あれ？こんな子だったっけ……」って価値観が違ってきたことに動揺しちゃう。

大好き、なのにもう合わない。

さみしくてさみしくて……。

朗報です！　女の友情は一時保存が利きます。

仕事や育児が落ち着いた頃に、健康問題や、親の介護問題が出てきて、また同じ目線で話せるようになるそうです。それまで細々と繋がっていきましょう！　"あの頃の話"をしながら「もう色々大変よね〜！　おたくはどうしてる？」って情報交換できる友達は貴重ですよ。

Prescription
for
Sleepless Nights 🌙

62

友達が彼に
色目使ってる気がする！

この女の勘は大正解！カップルで会うのは即やめて！

いるのよいるのよ！　人の彼氏に妙に"女"出す子！
アナタのそのモヤモヤは正解ですよ。カップルや仲間で会う機会をガッツリ減らしていきましょ！「相手の子に嫌われるかも？」よりも自分の恋を守らんでどうする！
さぁ、決意をしたらその子の100倍彼に可愛い"甘えんぼさん"になって防御策を取るべし。
「あの子に近づかないで（怒）」よりメロメロにさせちゃった女が勝ちますよ♡　"甘えんぼ"作戦考えながら寝ましょ♡

Prescription
for
Sleepless Nights ☽

63

私だけみんなから
浮いてる気がする……

グループでお付き合いしていると自分だけ浮いてる気がしちゃうことありませんか？　正直ほとんど考えすぎ（被害妄想）だったりします。女性は同調と共感の世界で生きているので、グループからハブられるのを恐れるのですよね。友達として親しみと思いやりを持って、依存せず、依存させず。オトナの友情は親しき仲にも礼儀ありの距離感で大切にしていきましょ。ハブったハブられたは往々にして依存関係の拗れから発生してしまうのです。

依存は親しき仲にも礼儀ありを破壊する悪魔の距離感。

大丈夫、考えすぎですよ！

Prescription
for
Sleepless Nights ☽

64

いちいち干渉してくる
あの子がメンドい

「アナタのために言うけど」「普通はね、○○なんだよ？」なぜか上から目線で"親身風に"言ってくる子。
こういう人って実は劣等感が強い。
アナタの上に立つことで自分を保とうとしています。
そのためにアナタを巧妙にポンコツに仕立て上げて……。
離れてください。
アナタは誰かの踏み台じゃないのだから。

離れたら気がつくよ。「私そんなにダメじゃなくない？」って。

65

「彼氏いないの?
結婚しないの?
子供作らないの?
2人目は?」

視野が狭くて辛い(笑)。
私たちは誰かにコレを言わないように
気をつけていこうね。

誰かを故意に傷つけない、
そんな生き方をしていきたい。

Chapter *4*

親・人生・お金

PARENTS, LIFE, MONEY

Wish you
have a
Wonderful life.

愛のことを深く考えてゆくと、
人生の課題にぶつかります。家族との関係が、
恋愛に影響を与えてると気がついたり。
「親にも男にも頼らずに生きていくには、
お金を稼がなきゃ！」と焦ったり。
いろんな焦りが膨らんでいくと、
最終的に生きていること自体が面倒になってしまう。
そのまま消えたくなってしまう……。

このとき、アナタは頭の中で最悪の状態ばかり妄想して、
心を痛めつけてしまっています。
頭も心もへとへとなのに、変に冴えてしまっている
から眠りにつけず、体も疲れてしまうのですよね。

前にもお伝えしましたが、妄想の９割は実現しません。
アナタは辛い過去を抱えて
ここまで生き抜いてきてくれました。

頑張ってきたアナタが少しでも楽になれるように。
人生についての処方箋をお伝えします。

大丈夫、何度も寝返りを打って眠れぬ夜を
過ごしてきた私もこうしてしぶとく生きています。

消えなくていいよ。
夢の中にゆっくりとけていこう。

66

「尊敬する人は母です！」
かぁ……親ガチャ成功だね

娘と母親の関係って独特でさ。

「尊敬してる人は母です」なんて明るく健全な関係ばかりじゃないよね。寄り添ってもらえなくて傷ついたこともあるでしょう。きょうだい間で格差をつけられて孤独だった人もいるでしょう。依存されて生きにくい人もいるでしょう。世の中には"親ガチャ失敗"って言葉がある。そういうモノを背負っているアナタに伝えたい。自分ガチャ、成功させない？　「え？　こんな私は失敗なんだけど」って思い込んでない？

親は選べない、
でも未来は作れる。
だから諦めないでいい。

67

いつまで働き続けなきゃ
いけないんだろう
涙が出てくる

働くことは嫌いじゃない。でも専業主婦になったあの子が羨ましくなる。どんなに辛くても、どんな仕打ちにあっても、私は自分の食い扶持を稼がなきゃいけない。眠れなくても朝はくるから、メイクをして社会人の仮面をつけて、作り笑顔を見せる。一体、いつまでって考えると途方にくれる。「もう、楽になりたい」って。その気持ちすごくわかるよ。生きていくって生活することだから。きっと社会人はみんな涙が溢れてギブアップしたい夜を経験してる。

職場が辛いなら転職考えよう。PMSや一時的なモノならアナタだけじゃないよ、安心してねって届けたい。

ゆっくり深呼吸して、いいことだけ考えて
瞳を閉じようね。

68

どうしても
許せないことがある
もう忘れたいのに

忘れようとすると、
人間忘れられないんだって。
だからアナタの一部として、
その心の傷も受け入れよう。

"自分の一部"になったことは無意識化するよ。

例えばいま、まつ毛の存在感じてた？

忘れてるでしょ？　そういうことだよ。
だから大丈夫。

Prescription
for
Sleepless Nights ☽

69

少しも親らしくない
あの人たちが
許せない

私たちは無意識の内に親に対して「母親らしさ」「父親らしさ」を求めてる。その理想と現実が違うと、心の奥でひどい親だと責めてしまう。アナタがもう大人ならばそこから解放されていい。理想の娘がいないように、理想の親もいない。そこには等身大のアナタがいて、等身大のあの人たちがいるだけ。だからアナタも理想の娘を演じなくてもいいよ。演じてしまうと、相手にも求めてしまうから。

いい親らしさを求めず、いい娘ぶらない。これができたら本当の自分の人生の始まり、親離れの始まりだよ。

70

きょうだいと理解し合えない
って普通のこと……?

たまたま同じ親から生まれた相手と気が合わない。そういうこともあるよ。気が合うきょうだいだと思ってたのに、遺産相続で骨肉の争いになることもあったりね。

血は水よりも濃いとは言うけれど、わからないモノです。

気が合わない肉親に気を揉まずに、アナタと気が合う人を気遣っていこうね。

71

みんなどうして
そんなにお金が
あるんだろう……?

SNSは仮想空間。 そう理解してなきゃ飲み込まれる。

ハイブランドの紙袋に、花束。そして高そうなホテル。「彼氏にもらいました♡」「お仕事頑張った自分へのご褒美♡」数十万の物がポンポン飛び交う世界を見ているとミジメになる。

あの世界は仮想だよ。そもそもレンタル品だったり、箱や袋だけ買って載せていたり、偽物(!)だったりして。インフルエンサーの中にはそうして写真の中の自分をプロデュースしてる人も多い。ビジネスの実態が見えない人は特に。だから別に一般人として生きている私たちが真似る必要も焦る必要もない。堅実にいこ！

72

代えのきかない
唯一無二の人になりたい
必要とされたいんです

親友だと思っていたのに相手にはもっと大切な友達が
いた。心を病んだのに、親は気がつくどころか愚痴を
聞かせてくる。SEXが終わったらすぐに背中を向けて
寝落ちする彼氏。作り笑いをしながら「この仕事、別
に私じゃなくてもいいんだよね」と虚しくなる。代え
のきかない誰かになりたい。でもきっとそれは叶わな
い。人には寿命があり、必要とされてた人が亡くなっ
ても世界は動き続ける。スティーブ・ジョブズが亡く
なってもAppleが続くように。そうしていつか自分を
覚えている人もこの世にはいなくなる。

せめてこの瞬間、私は私
の味方して愛してあげるん
だ。力強くね！

Prescription
for
Sleepless Nights)

73

お母さん

母に言われたひとこと、
思い出してムカつくことがある。
ふとしたときに、
母を悲しませたくないと思うことがある。
「お母さん、こんなに手、小さかった？」
会うたんびに老いていく母。私を撫でてくれた
手を包み込んで、撫でる。

親へのいろんな思いが
交錯する、そのどれもが
アナタの本音。

74

親が離婚している
アナタへ

大丈夫、幸せになれるよ。

親が離婚していると「私は捨てられた」「私の存在は親を繋ぎ止めるほどの価値がなかったんだ」って苦しむこともあると思う。"自分の価値"を信じられなくなって恋愛にも生きることにも自信がなくなってしまうんだよね。でも親の離婚とアナタの価値は無関係だよ。ある"男と女"がうまくいかなかった。それに過ぎないんだよね。だから愛することも、愛されることも諦めなくていいんです。アナタは存在していていいんです。居場所がないなら作ってしまえばいいんです。もっとふてぶてしく生きてもいいんです。

卑屈になるな、胸を張ろうぜ！

75

生きていくのがしんどい
でも死ぬのは怖い
消えてしまいたい……

他人に嫌われないように、
気を張っているのは疲れた。
ヘコヘコしながら、
お金を稼ぐことも疲れた。
結婚？　できるかわからないし、
いい母親になんてなれないよ。
何も考えたくないのに、
いつも不安でいっぱい。
でも死ぬのは怖い。
消えてしまいたい……。
そう思ってるアナタ、
私もそういう消えてしまいたくなる夜がある。
周りがうまくいってるように見えて、焦っているんだ
よね。

でも多くの人は私たちと同じ。消えたくなる夜を抱えて生きている。

ひとりじゃないよ、大丈夫。おやすみなさい。

76

あんなひどいこと
言われるなんて、
私、なんかした?

たとえ正論だとしても、相手を傷つけるために言葉を
使う。それは相手の心の問題。

自分を責めたら相手の思う壺だよ。
大きく深呼吸して
「大丈夫？」って
自分に語りかけてあげてね。

Prescription
for
Sleepless Nights 🌙

77

義母よ……
子離れしてくれ……

はじめまして！　と抱きしめた瞬間、出産の辛さが吹き飛んだ。寝てくれない夜、授乳中の愛おしい顔、「ママ大好き」と抱きついてくれる笑顔。赤子がすくすくと少年へと育ち、立派な青年になり巣立ってゆく。

もしかしたら母親にとって息子は命を懸けて産み育てた推しみたいな、いえそれ以上の存在かもしれません。

推しの結婚相手にはシビア。

推しが騙されてないか警戒する。推しのやらかしには甘い。幸せであって欲しいのに寂しい！　息子という推しへの思いは"そういうもの"と思えば、ちょっぴりイケズなお義母さんの気持ちも理解できる、かも？

78

周りから浮いてる気がする。
"普通"ってなに?

その感覚、私もあります(笑)。

でも“普通”にハマり込もうとしても心が握り潰される感覚になって無理なんだよね。

プラス、「普通はこうなんだよ！」と言ってくる人と過ごしているとストレスと劣等感で心が疲れてしまう。

そのままのアナタでいいという人と過ごして、そう言ってくれる人のありのままを受け入れて過ごせばいい。

人様に迷惑かけないなら
それでOKなんだよ。

お互い、気楽にいこうね。

大きく伸びして寝よう〜！

Prescription
for
Sleepless Nights ☽

79

５年後が不安で
眠れない

私は不安で仕方なかった。

「きっとひとりぼっちで野垂れ死ぬんだ」って怖くて仕方なかった。毎晩ベッドに入ると不安が襲ってきて眠れなかった。涙が止まらなかった。だから決めた。「私が求めているのは大切な人と仲良く過ごすことだけ」。そのことに真っ直ぐに生きるんだって。あの夜から10年がすぎて、全く予想だにしなかった今を生きている。こうしてアナタと知り合えたし。人生どう好転するかわからないよ。想像以上の未来があるかもしれないよ。

だからアナタの心に搭載されているレーダーをもっと大切にして生きて欲しい。それが人生の羅針盤だから。

「やってみたい!」その方向へむかっていこう!

Prescription
for
Sleepless Nights ☽

80

心の声を
拾っていますか?

おクズ様といて悲しくなるのは「運命の人じゃないよ」という心の声。

友達とバイバイした後に「あれって嫌味……？」とモヤモヤするのは「ちょっと距離感近いんじゃない？」という心の声。

朝、立ち上がれないくらい仕事に行きたくなくなるのは「その仕事あってないよ」という心の声。

あのね、誰に相談しなくてもアナタの心がすべて"違和感"として伝えてくれているんだよ。

楽しいこと、ホッとすることや人。

それが正解なんだとも。

心の声は人生を豊かに
幸せに生きるための羅針盤。

他人の声より心の声に寄り添ってね。

眠れない夜を過ごした後に……

最後まで読んでいただき、ありがとうございました。

本書によって、アナタが少しでもゆっくり眠ることができたのであれば、うれしいです。

繰り返しになりますが、私自身も眠れない夜を幾度も乗り越えてきました。
もがき苦しみ、試行錯誤してたどり着いたことがあります。

"妄想癖を理解して止めることができるようになれば、
随分生きやすくなる"ということ。

そしてそれが一番アナタにお伝えしたかったことです。

私は人生に対してとっても悲観的に生きてきました。

せっかく訪れるまっさらな"今日"を、

夜の妄想の続きでドロドロに汚してしまって、

「私なんか幸せになれるハズがない」

「人生にいいことなんか起きるハズがない」って

頑<ruby>頑<rt>かたく</rt></ruby>なに思い込んで生きてきました。

でもその多くは私の脳内で描いている図に過ぎなかった。

ほとんどが現実に起きないこと。

それに怯えて萎縮して生きてきただけだったのです。

もしアナタも私と同じように悲観的に生きているのであれば、

もったいないよ、　とお伝えしたいのです。

確かに不安な夜はいつでもやってきます。
でも"疑心暗鬼を追っ払う"ことができるようになれば、
必要以上に恐れなくても大丈夫なのだから。

ちゃんとアナタは"前向きな気持ちで生きること"を
選択できるようになります。

「もっと寝てたいわ〜」と言いつつも、
クリアな気持ちで朝を迎えられる日がちゃんときます。

もしもそれでも……眠れない夜が訪れたら、
本書をパラッとめくって欲しいのです。

どのページでもいいです。
1ページだけでもいいです。

アナタのお供として、枕元に置いていただけますように。

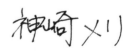

Profile 神崎メリ

かんざき・めり／恋愛コラムニスト。1980年生まれ。ドイツ人の父と日本人の母の間に生まれる。

自身の離婚、再婚、出産という経験をもとに、「男心に寄り添いながらも、媚びずに女性として凛と生きる力」を「メス力」と名付け、SNSやブログにて発信していたところ、瞬く間に人気が広がり、コメント欄には共感の声が殺到！ 著書に『「本能」を知れば、もう振り回されない！ 恋愛＆婚活以前の男のトリセツ』（マガジンハウス）、『男がハマる 魔法の会話術』（講談社）などがある。

VOCEウェブサイトで3年半以上にわたり続いている長寿連載『恋愛コラムニスト 神崎メリ流・愛され力の掟』は、恋愛や結婚に悩む幅広い年齢層の女性たちから、厚い信頼と支持を集めている。

Instagram：https://www.instagram.com/meri_tn/
X：https://twitter.com/kanzakimeri
VOCE連載：https://i-voce.jp/regular-series/aisareryokunookite/
著者エージェント：アップルシード・エージェンシー

Staff
デザイン／ムネノコズエ
イラスト／植松しんこ

眠れない夜の恋愛処方箋

2023年10月12日　第1刷発行

著　者　神崎メリ
発行者　清田則子
発行所　株式会社 講談社
　　　　〒112-8001　東京都文京区音羽2-12-21
　　　　電話　編集　03-5395-3469
　　　　　　　販売　03-5395-3606
　　　　　　　業務　03-5395-3615

KODANSHA

印刷所　大日本印刷株式会社
製本所　株式会社国宝社

©Meri Kanzaki 2023, Printed in Japan　ISBN978-4-06-533761-5